# BEI GRIN MACHT SICH IHR WISSEN BEZAHLT

- Wir veröffentlichen Ihre Hausarbeit,
  Bachelor- und Masterarbeit

- Ihr eigenes eBook und Buch -
  weltweit in allen wichtigen Shops

- Verdienen Sie an jedem Verkauf

Jetzt bei www.GRIN.com hochladen
und kostenlos publizieren

# Verteidigung der Freiheit und Rechtfertigung von Gewalt (Geschichte Oberstufe)

Alles was notwendig ist? Die Septembermorde im Urteil der Zeitgenossen

**Bibliografische Information der Deutschen Nationalbibliothek:**

Die Deutsche Nationalbibliothek verzeichnet diese Publikation in der Deutschen Nationalbibliografie; detaillierte bibliografische Daten sind im Internet über http://dnb.d-nb.de abrufbar.

ISBN: 9783346547828
Dieses Buch ist auch als E-Book erhältlich.

## 1. Didaktisches Zentrum

Im Zentrum der Stunde steht die widersprüchliche Bewertung der Septembermorde 1792 durch die Zeitgenossen anhand von Briefen der Augenzeugen Rosalie Julien und Konrad Oelsner unter der Fragestellung: „Alles was notwendig ist – Wie beurteilen die Zeitgenossen die Septembermorde?"

Die SuS erarbeiten und beurteilen, dass die unterschiedlichen Bewertungen der Septembermorde darauf beruhen, ob die Zeitzeugen eskalierende und unkontrollierte revolutionäre Gewalt zur Durchsetzung eines für fortschrittlich erachteten Zieles für gerechtfertigt halten, worin sich ein unterschiedliches Verhältnis zu den Menschen- und Bürgerrechten ausdrückt.

Dies wird daran deutlich, dass die SuS

- den Briefauszügen stichpunktartig die Aussagen für und wider die Septembermorde entnehmen und entsprechend ihrer Gewichtung in einem Schaubild darstellen.
- die beiden Bewertungen miteinander vergleichen und ihre Unterschiede mit der jeweiligen Gewichtung des Ziels der Ereignisse (Julien) und der dazu eingesetzten Mittel (Oelsner) erklären.
- diese Bewertungen hinsichtlich ihres Verhältnisses zum ethischen Maßstab der Menschen- und Bürgerechte beurteilen.
- abschließend selbst die Legitimität und Problematik revolutionärer Gewalt vor dem Hintergrund der Menschen- und Bürgerrechte auch im Hinblick auf gegenwärtige Proteste diskutieren.

Die Stunde dient damit schwerpunktmäßig der Förderung der Urteils- und Orientierungskompetenz.

## 2. Analyse der Lerngruppe und der Lernausgangslage

Die Klasse wird mit zwei Wochenstunden im Fach Geschichte unterrichtet. Insgesamt zeigt die Klasse eine hohe Motivationsbereitschaft in der Auseinandersetzung mit historischen Problemstellungen. Insbesondere an Fragen von Herrschaft und Unterdrückung zeigen sich die SuS durch ihr ausgeprägtes Gerechtigkeitsempfinden interessiert. Von der französischen Revolution und dem Kampf gegen die Ständeungleichheit fühlen sich die SuS insofern breit angesprochen und erkennen in der Durchsetzung allgemeiner Menschen- und Bürgerrechte Relevanz für ihre eigene Lebensrealität.

Bezogen auf die einzelnen Kompetenzbereiche des Fachs zeigt sich die Klasse geübt darin, historische Probleme wahrzunehmen und anhand dessen eigene Fragestellungen zu entwickeln. Zunehmend gelingt den SuS die strukturierte Analyse verschiedener Quellen, wobei die Unterscheidung von Wesentlichem und Unwesentlichem teils noch stärkerer Bewusstmachung des Erkenntnisziels bedarf. Auf Grundlage dessen begründen sie ihre Sachurteile in der Regel nachvollziehbar. Besonders stärkere SuS beurteilen dabei verschiedene Problemzusammenhänge differenziert. Große Fortschritte haben die SuS im Bereich der Orientierungskompetenz gemacht. Maßgeblich zur Einschätzung des Kompetenzstandes ist die Abschlussdiagnose nach einem Förderprozess zur Wert-

1

urteilsbildung in einer Reihe zum spanischen Kolonialismus und seiner geschichtskulturellen Rezeption. Dazu wurden textförmige Werturteile der SuS zur möglichen Wiederaufstellung einer gestürzten Kolumbusstatue in den USA mithilfe eines an Conrad angelehnten Graduierungsrasters ausgewertet.[1] Alle SuS legten dabei bereits ihre eigenen Wertmaßstäbe transparent offen (Stufe 2). In unterschiedlichem Maße gelang die SuS zudem eine diskursive Auseinandersetzung mit anderen Wertungen in Geschichte und Gegenwart (Stufe 3-4).[2] Jenseits dieser Stufung offenbarte diese Diagnose aber auch bei den SuS, die bereits mit Wertmaßstäben der Vergangenheit in den Diskurs traten, gerade in diesem Bereich einen fortbestehenden Förderbedarf. So verstehen die SuS die historisch Handelnden oft noch recht schematisch als durch ihre Zeit determiniert und vollziehen ihre Entscheidungsmöglichkeiten und Dilemmata nur ansatzweise nach. Anderen Wertungen gegenüber tendieren sie zudem zu bloßer Rechtfertigung und Abgrenzung statt zu offenem und auf Selbstreflexion angelegtem Diskurs. Für einen neuen Förderprozess wurde daher ein Kompetenzraster zur Einschätzung der Diskurstiefe innerhalb der Stufe 3 entwickelt. Nach einer entsprechenden Revision der letzten Diagnoseprodukte erreichten die meisten SuS erst das *basale* Niveau der Unterscheidung verschiedener Wertmaßstäbe. Einige aber urteilten auf *differenziertem* Niveau und berücksichtigten Grenzen des individuellen Geltungsanspruchs eigener und fremder Werte. In die als *selbstreflektiert* definierte Niveaustufen konnte noch keins der Werturteile eingeordnet werden. Der themenspezifische diagnostische Einstieg in die aktuelle Unterrichtsreihe zeigte zudem, dass die mit der mangelnden Reflexion eigener Werte verbundene Selbstaffirmation der Fortschrittlichkeit heutiger gesellschaftlicher Verhältnisse (im Westen) fortbesteht.[3] Aufgefordert, zu verschiedenen kontroversen Maßnahmen der Überwachung und politischen Repression von Verfassungsfeinden in der BRD Stellung zu beziehen, äußerten sich die SuS auffallend unkritisch. Zwei Schüler stellten sogar einen selbstvergewissernd-legitimatorischen Bezug zum Absolutismus her.[4] Hätten derartige Maßnahmen früher nur der Unterdrückung von Freiheit gegolten, dienten sie heute – pauschal - der Verteidigung der Freiheit. Nur wenige zeigten bereits Ansätze zur Reflexion des Spannungsverhältnisses der Einschränkung der Freiheit zu ihrer vorgeblichen Bewahrung und ermöglichten so, die Reihenfrage der Reihe aus einer Kontroverse der Lerngruppe zu entwickeln. Folglich besteht in der Klasse über die Leistungsgrenzen hinweg ein Potenzial darin, in Werturteilsprozessen in tiefergehende Auseinandersetzung mit alternativen Wertungen zu treten und dadurch zu einer tiefergehenden kritischen Reflexion eigener Wertorientierungen und Handlungsmuster zu gelangen.

---

[1] Conrad Graduierungsraster
[2] Die genaue Einstufung ist im Anhang ersichtlich.
[3] vgl. dazu Müller: Urteilen im Geschichtsunterricht, S. 54.
[4] vgl. zu einem solchen Formen des „Geschichtsbegehrens" Jeismann: Geschichtsbewusstsein als zentrale Kategorie für die Geschichtsdidaktik, S. 15

In den überfachlichen Kompetenzen der Lerngruppe zeigt sich ein diffuses zeitliches und räumliches Verhältnis von Schule und Freizeit, das sie in ihrer Arbeitsmotivation und Selbstregulierung beeinträchtigte und erschwerte ihnen, sich einen Arbeitsalltag zu strukturieren. Dadurch stellten sich auch Überforderungsgefühle ein und schwächten das Selbstkonzept einiger SuS. Besonders ehrgeizige und leistungsbereite SuS wiederum hatten Schwierigkeiten ihre Zeit und Ressourcen zielgerecht zu planen und dehnten ihre Arbeitszeiten weit über das erforderliche Maß aus. Diese Voraussetzungen gilt es besonders bei der methodischen Planung zu berücksichtigen.

Inhaltlich baut die Reihe auf dem Wissen der SuS zu zentralen Staatstheorien des Absolutismus und der Aufklärung auf, die zugleich einen philosophischen Rahmen für die Idee der Menschen- und Bürgerrechte liefern. Einen Zugang zu den widerstreitenden Interessen während der französischen Revolution bereitet ihnen die vorhergegangene Auseinandersetzung mit der sich ausdifferenzierenden französischen Gesellschaft des 18. Jahrhunderts. Die nun anstehende Begegnung mit dem revolutionären Terror wiederum ist maßgeblich für Beschäftigung mit der Rezeption der Revolution in Deutschland und mithin dem Verständnis der geistigen Verfassung des deutschen Bürgertums im 19. Jahrhunderts.

## 3. Didaktische Analyse der Reihe

Ihre bleibende Bedeutung erhält die französische Revolution nicht zuletzt durch die 1789 erstmals in Europa formulierten Menschen- und Bürgerrechte, die bis heute den ideellen Bezugspunkt und das maßgebliche Wertegerüst moderner demokratischer Gemeinschaften bilden.[5] Dazu in Widerspruch stehen in der breiten Wahrnehmung die Radikalität der Jahre 1792-1794, in denen diese Freiheitsrechte[6] gegenüber vermeintlichen Konterrevolutionären objektiv massiv verletzt wurden. Schon unter Zeitgenossen umstritten,[7] bleibt die Frage einer möglichen, aus ihrer Notwendigkeit begründeten Rechtfertigung dieser Radikalität Gegenstand einer fortdauernden Kontroverse.[8] Das besondere Interesse an dieser Frage kommt nicht von ungefähr, gehört doch das Spannungsfeld der in Recht gefassten Freiheitswerte und ihrer Beschränkung zur Verteidigung der Freiheit zu den Kernproblemen aller modernen Demokratien. Das Problemfeld der *terreur* weist insofern über seinen konkreten historischen Kontext hinaus: Gerade in der gegenwärtigen gesellschaftlichen Polarisierung zunehmende Diskussionen über die Einschränkung von Demonstrationsrechten, die Beobachtung der Querdenkerszene oder das Verbot

---

[5] vgl. Hein-Mooren: Die Französische Revolution, S. 61.
[6] Der für sich leere Begriff Freiheit wird hier im Folgenden für Verhältnisse verwendet, in denen die Menschen- und Bürgerrechte verwirklicht sind. Diese gelten – auch im Sinne der KCGO – als Freiheitsrechte; vgl. Hessisches Kultusministerium: Kerncurriculum, S. 14.
[7] vgl. Both; Gestrich: Die französische Revolution, S. 76.
[8] vgl. Madörin: Die Septembermassaker von 1792, S. 9.

einzelner Antifagruppierungen verleihen eben dieser Kernfrage eine Gegenwartsrelevanz für die SuS.

Durch diesen skizzierten Sinnzusammenhang ist die Beschäftigung mit der *terreur* besonders geeignet für Orientierungsprozesse zu der Frage, was legitim ist, um die Freiheit zu verteidigen. Gerade weil dieses Problem auch innerhalb freiheitlicher Wertegemeinschaften weder historisch noch gegenwärtig letztgültig lösbar ist, eignet es sich, um in einem Förderprozess passgenau an den Kompetenzstand der Lerngruppe anzuknüpfen. Denn die geteilten Freiheitswerte erlauben nicht, vorgefasste Haltungen durch das Schema von „Früher" und „Heute" zu beglaubigen. Die eigene Bewertung verschiedener Maßnahmen der *terreur* erfordert vielmehr die intensive und differenzierte Auseinandersetzung mit den Dilemmata der Zeitgenossen. Daraus ergibt sich zugleich die Chance zur vertieften individuellen Reflexion des eigenen Verhältnisses zum normativen Prinzip der Menschen- und Bürgerrechte.[9] Durch diese Selbstreflexion dient die Reihe der Förderung der Teilkompetenz O1 der Orientierungskompetenz.[10] Gelingt den SuS so eine Positionierung innerhalb gegenwärtiger Diskurse, erweist sich die hohe gesellschaftliche Relevanz der Reihe und wird Geschichtsunterricht seinem politischen Bildungsauftrag gerecht.[11]

Der konsequenten Förderung der Reihe entspricht der an Gautschis Lernprozessmodell orientierte Aufbau der gesamten Reihe: Schon die aus der übergeordneten Gegenwartsproblematik abgeleitete Fragestellung macht den SuS das übergeordnete Orientierungsziel transparent. Die Analyse der Menschen- und Bürgerrechte am Beginn der Reihe schafft den wertmäßigen Bezugspunkt für den anschließenden Orientierungsprozess. Dieser ist auf drei Reflexionspunkte konzentriert: Anhand der Septembermorde diskutierten die SuS die „Output-Legitimität" despotischer Mittel, die Hinrichtung des Königs wirft die Frage auf, ob Bürgerrechte auch für Freiheitsfeinde zu gelten haben, während anhand der eigentlichen *terreur* der Jakobiner problematisiert werden soll, wie der Kampf gegen vermeintliche Freiheitsfeinde die Freiheit selbst bedroht. Die Variation dieser Aspekte – und mithin der Handlungsbedingungen der Akteure – zielt insofern auf eine zunehmende Ausdifferenzierung und Reflexionstiefe in der Bewertung des Gesamtkomplexes ab. Dabei punktuell angeführte Gegenwartsbezüge aufnehmend, gilt es zum Reihenabschluss gilt es dem Orientierungsprozess Schlussfolgerung für unsere heutige freiheitlich-demokratische Grundordnung. Gerade diese Zielbestimmung weist die in der Reihe zu leistende Förderung der Teilkompetenz O5 aus.[12]

---

9 vgl. Jeismann: Geschichtsbewusstsein als zentrale Kategorie für die Geschichtsdidaktik, S. 11; Hessisches Kultusministerium: KCGO, S. 12; Conrad: Sach- und Werturteilsbildung, S. 20.

10 vgl. Hessisches Kultusministerium: KCGO, S. 20.

11 vgl. Hessisches Kultusministerium: KCGO, S. 10.

12 vgl. vgl. Hessisches Kultusministerium: KCGO, S. 20.

## 4. Didaktische Analyse der Stunde mit Materialanalyse

In der Reihe steht die heutige Stunde zu den Septembermorden am Anfang des Orientierungsprozesses. Historisch gelten die in Panik vor den Invasionstruppen verübten Lynchmorde an vermeintlichen Konterrevolutionären von 1792 als erste Schreckensherrschaft.[13] Über ihre anarchische Potenz nahezu durchgehend erschrocken, bewerteten die zeitgenössischen Revolutionäre die Morde höchst unterschiedlich: Kritisierten die Girondisten sie als schändliche Gräuel und Verstoß gegen die Rechtsnormen, suchten die Jakobiner sie als durch die Umstände notwendigen Schlag gegen die inneren Feinde zu rechtfertigen. Im Kern geht es demnach um die Frage, ob honorige Ziele Verstöße gegen die Freiheitsrechte legitimieren. Ein echtes Dilemma ergibt sich dabei erst unter Berücksichtigung des Gefühls einer realen Bedrohung für die Freiheit an sich, die für die in (scheinbar) sicheren Verhältnissen lebenden SuS als Handlungsbedingung mitunter nur schwer nachvollziehbar ist. Gelingt dies aber, so liegt hier ein herausforderndes Problem zur Schärfung der Orientierungskompetenz.

In der didaktischen Struktur vollzieht die Stunde die Anlage der Reihe im Kleinen nach: Den Zugang zum Problem schafft ein Foto einer gewaltsam eskalierten George-Floyd-Demonstration. Aus vorangegangen Gegenwartsbezügen ist bekannt, dass die SuS intensiv emotionalen Anteil am Gefühl vieler People-of-Color nehmen, in Missachtung ihrer Bürgerrechte permanent von Polizeigewalt- und mord bedroht zu sein. Während die meisten SuS dabei gewaltsamen Protest strikt ablehnen, äußerten einige, nur so die Ignoranz gegenüber dem strukturellen Rassismus zu überwinden. Besonders über das von der Demonstrantin präsentierte Malcolm X-Zitat „By any means necessary" bereitet der Einstieg insofern nicht nur Verständnis für die angesprochene Dilemmasituation vor, sondern öffnet die Klasse für den Diskurs über das Kernproblem der Stunde: Ist alles gerechtfertigt, was notwendig erscheint?

Der historischen Reflexion dieser Frage dienen Auszüge aus Briefe der Zeitzeugen Rosalie Jullien an ihren Mann, einen revolutionären Politiker, und Konrad Engelbert Oelsner, dessen Briefe als Revolutionsberichte im liberalen Hamburger Monatsblatt „Minerva" erschienen.[14] Wenngleich Oelsner Deutscher ist, eignet sich sein Brief aufgrund seiner Parteinahme für die Revolution dennoch zur Behandlung im Unterricht. Exemplarisch zeigt sich in beiden Briefen zudem nicht nur die emotionale Betroffenheit von den Ereignissen, sondern auch die widersprüchliche Bewertung.[15] Als Zeugnisse zweier bürgerlicher Revolutionsanhänger bilden die Briefe keine Multiperspektivität, sondern ein Meinungsspektrum ab. Dieses zu erschließen, eignen sich dennoch Bergmanns „Schrit-

---

[13] vgl. Hein-Mooren: Die Französische Revolution, S. 76; Madörin: Die Septembermassaker von 1792, S. 11.

[14] vgl. vgl. Günther: Die französische Revolution. S. 1325.

[15] vgl. zu Jullien Parker: „Carrying Justice in Their Hearts", S. 54 und zu Oelsner Günther: Die französische Revolution, S. 1237.

te des Urteilens".[16] Dazu arbeiten die SuS zunächst aus den Quellen die jeweilige Haltung zu den Septembermorden: Inhaltlich führen beide Zeitgenossen ähnliche Aspekte an, äußern ihre Abscheu gegenüber der Gewalt und vollziehen die Invasionsbedrohung als Auslöser nach. Jullien zeigt sich aber dennoch erleichtert über die Rettung vor der vermeintlichen konterrevolutionären Gefahr und rechtfertigt die Gewalt im Sinne einer „Dialektik der Befreiung" mit dem markanten Satz: „Wer das Ziel will, muss auch die Mittel wollen!". Oelsner hingegen kritisiert die Septembermorde scharf als abscheuliche Willkürakte von „Bösewichtern" die nahezu alle Bürger bedroht hätten. Für den Unterricht bedarf Oelsners Brief, in dem er sich in zeittypischen Verschwörungsspekulationen zu den Urhebern der Morde ergeht, im Sinne der didaktischen Reduktion einiger Kürzungen. Dennoch bleibt er im Vergleich zu Julliens Brief rhetorisch umständlich und in Vokabular und Syntax komplex. Im Sinne einer Differenzierung soll die Quelle daher vorwiegend von SuS mit ausgeprägterer Analysekompetenz bearbeitet werden. Carlos und Anton hingegen sollen aufgrund ihrer Voreinstellungen gerade diese Quelle untersuchen. Sie zeigen im wertenden Diskurs nach wie vor eine gewisse Engstirnigkeit, konnten in der Vergangenheit aber diesbezüglich gerade von der Auseinandersetzung mit konträren Haltungen profitieren.

Indem die SuS erklären, welche Bedeutung die historischen Umstände für die Bewertung hatten, wird die Erarbeitung mit dem Kontextwissen zur Bedrohung durch die Invasionsheere vernetzt, das Bewusstsein für die Dilemmasituation geöffnet und dadurch das „deutendes Urteil" vorbereitet. Die Gegenüberstellung der Bewertungen macht deutlich, dass nicht in der grundsätzlichen Verneinung unkontrollierter Gewalt ihr wesentlicher Unterschied liegt. Vielmehr ist für Jullien die durch die Gewalt abgewendete Gefahr, das Ziel, gewichtiger als der dadurch verursachten Opfer und Kollateralschäden, die für Oelsners Urteil entscheidend sind. Von zentraler Bedeutung in dieser Stunde ist der darauf aufbauende Lernschritt, diese Haltungen ins Verhältnis zu den Menschen- und Bürgerrechten zu setzen. Unter Berücksichtigung ihres Vorwissens speziell zu den Menschenrechtsartikeln, die den Schutz vor staatlicher Willkür garantieren, können die SuS so beurteilen, dass Julliens Haltung massive Verstöße gegen die Menschen- und Bürgerrechte beinhaltet, der mit dem Ziel, die Freiheitsordnung zu verteidigen gerechtfertigt wird. Für Oelsner hingegen sind diese in seiner Ablehnung insbesondere der Willkür gegen Verdächtige ein unhintergehbares Prinzip.

Für die angestrebte Förderung der Orientierungskompetenz und Werturteilsbildung liegt in einem solchen Sachurteil eine wesentliche Vorbedingung: Nicht durch ihre Wertmaßstäbe, sondern durch – nicht zuletzt von der Bedrohung bestimmte – Variation ihres Geltungsbereichs unterscheiden sich Jullien und Oelsner. Diese Erkenntnis ermöglicht es den SuS in der anschließenden eigenen Bewertung den Diskurs mit alternativen Urteilen

---

[16] vgl. Bergmann: Multiperspektivität, S. 76.

höher zu entwickeln und darin ein *differenziertes* Niveau zu erreichen. Inwieweit ihnen dies gelingt, ist in Bezug auf die Reihe zugleich eine Möglichkeit der fortlaufenden Diagnose. Aus der Diskussion über das historische Problem lässt sich abschließend erneut der Gegenwartsbezug zu den gewalttätig eskalierten George-Floyd-Protesten herstellen. Zeigen die SuS hier ihr individuelles Verhältnis zu den Menschen- und Bürgerrechten und nehmen differenziert Stellung, so zeigt sich die Progression der Stunde. Je nachdem wie stark sich die SuS in das Dilemma strukturellen Rassismus innerhalb einer Demokratie involviert sehen, kann die Orientierungskompetenz der SuS – ganz im Sinne der Teilkompetenz O2 – hier bereits das Niveau der *Selbstreflexion* erreichen. Gerade diese dem Gesamtansatz der Reihe entsprechende Ausrichtung auf die Gegenwart dient aber der Förderung der Orientierungskompetenz in der Teilkompetenz O6.

## 5. Methodische Analyse

Die methodischen Entscheidungen der Stunde ergeben sich aus der didaktischen Zielsetzung, die Widerspruch der Bewertung Septemberbrigaden offenzulegen und einem gegenwartsbezogenen Werturteil zuzuführen. Besondere Berücksichtigung findet dabei die derzeitige Lernsituation der Klasse und ihre erst kürzliche Rückkehr aus dem Distanzunterricht.

Der Bildeinstieg soll über das Plakat der Demonstrantin nicht nur das Kernproblem der Stunde eröffnen, sondern durch die Polizisten in Kampfmontur und das brennende Auto im Hintergrund das hintergründige Dilemma im Rahmen des Möglichen sinnlich und provozierend erfahrbar werden lassen. Eine potenzielle Schwierigkeit besteht im Übergang aus diesem Gegenwartsproblem in die historische Analyse, doch sollen Orientierungsprozesse der SuS innerhalb der Reihe gerade dahingehend routiniert werden. Da dieses Vorgehen den SuS zumindest aus dem Reiheneinstieg bekannt ist, sollte die historische Konkretion der Stundenfrage zumindest mithilfe eines Impulses gelingen.

Die arbeitsteilige Erarbeitung der Quellen erfolgt in der think-pair-share-Methode.[17] Das kooperative Arbeiten nach der individuellen Lektüre der Quellen ermöglicht den, sich gegenseitig über Probleme hinwegzuhelfen. In leistungsheterogenen Paaren profitieren davon auch die stärkeren SuS, die dadurch zu genauerem Arbeiten herausgefordert werden. Auch deshalb wurde auf eine weitergehende Differenzierung des Materials – denkbar wäre etwa eine sprachliche Vereinfachung der Quellen – verzichtet. Die kooperative Form wird überdies dem erhöhten sozialem Austauschbedürfnis nach der langen Phase des Distanzunterrichts gerecht. Präzise Zeitansagen sollen die Paare in der Ressourcenplanung und gegenseitigen Kontrolle ihres Arbeitsprozesses unterstützen.

---

[17] Vgl. Mattes: Methoden für den Unterricht, S. 48.

Ein Kernelement der heutigen Methodik ist die den SuS bereits bekannte „Urteilswippe".[18] Sie ermöglicht durch die Einordnung der Argumente den Begründungs- und Urteilsprozess der beiden Zeitgenossen sichtbar zu machen und zeigt in der Gegenüberstellung beider Schaubilder die Auswirkung etwa der unterschiedlichen Gewichtung der „Kollateralschäden" in einfacher Weise. Besonders leistungsschwächere SuS profitieren von dieser Veranschaulichung abstrakter Urteilsprozesse.

Zur Vorbereitung der Sicherung werden an ausgewählte Paare Folien ausgegeben, mithilfe derer sie ihre Arbeitsergebnisse präsentieren sollen. Auf diese Weise ergibt sich das Sicherungsbild direkt aus den Arbeitsleistungen der SuS. Die damit verbundene Wertschätzung und das Kompetenzerleben ist besonders wichtig für die SuS, deren Selbstkonzept während des Distanzunterrichts gelitten hat. Da die Folien flexibel ergänzt oder verändert werden können, bleiben zudem alle SuS in Verantwortung und können aktiv in den Sicherungsprozess miteingebunden werden. In der direkten Gegenüberstellung auf zwei Projektoren wirken die Folien selbst als Steuerungsimpuls, die entscheidenden Unterschiede der Bewertung herauszustellen, was die Notwendigkeit lenkender Eingriffe der Lehrkraft reduziert. Durch eine Ergänzung auf den Folien wird es zudem möglich, aus dem Sicherungsgespräch heraus das jeweilige Verhältnis zu den Menschen- und Bürgerrechten in das Schaubild zu integrieren, indem diese bei Jullien als Ziel visualisiert und bei Oelsner auf die Mittel bezogen werden.

Dem auf diese Weise vervollständigten Tafelbild kommt in der abschließenden Vertiefungsdiskussion eine Stützfunktion zu. Die Sichtbarkeit der gewichteten Argumente ermöglicht den SuS in der eigenen Bewertung ohne stärkere Lenkung genauen Bezug auf die historischen Urteile zu nehmen und soll die Sprechanteile der SuS hochhalten. Gerade das visualisierte Verhältnis zu den Menschen- und Bürgerrechten regt dabei an, den eigenen Stellenwert dieses Maßstabs zu reflektieren. Die Stütze dient insofern auch dazu, sowohl den Diskurs zur Bewertung der Septembermorde als auch zum durch einen Lehrerimpuls erneut aufgegriffenen Gegenwartsproblem vertieft zu führen.

---

[18] Die Sicherungsmethode ist angelehnt an die „Argumentationswippe", vgl. Winkler, Anja: Wie sichert man Urteile im Geschichtsunterricht?, S. 29-35.

# 5.Anhang
## 5.1 Literaturverzeichnis
### 5.1.1. Quellenangaben zum verwendeten Material

Günther, Horst: Die Französische Revolution. Berichte und Deutungen deutscher Schriftsteller und Historiker. Bd. 1 – Die Augenzeugen. Frankfurt (Main) 1985.

Henderson, Jarrad: Aufnahme auf einer Protestkundgebung in Washington DC am 30.5.2020. USA-Today; Online verfügbar: https://eu.usatoday.com/story/news/politics/2020/05/30/george-floyd-protests-tensions-outside-white-house-trump-florida/5293703002/ (19.05.2021).

Landauer, Gustav: Die französische Revolution in Briefen. Ausgewählt und übersetzt von dems. Hamburg 1961.

### 5.1.2. Allgemeinpädagogische Literatur

Mattes, Wolfgang: Methoden für den Unterricht. Kompakte Übersichten für Lernende und Lehrende. Braunschweig 2019.

### 5.1.3. Fachdidaktische und fachwissenschaftliche Literatur zum Unterrichtsgegenstand

Bergmann, Klaus: Multiperspektivität. In: Handbuch Methoden im Geschichtsunterricht. Hrsg. v. Ulrich Mayer, Hans-Jürgen Pandel, Gerhard Schneider. Schwalbach/Ts. 2007, S.65-77.

Both, Hermann; Gestrich, Andreas: Die Französische Revolution. Berlin 2010.

Conrad, Franziska: Graduierungsraster. C. Bewerten – Fällen von Werturteilen. In: Geschichte Lernen 139 (2011), S. 11.

Conrad, Franziska: Werturteilskompetenz. Methodische Anregungen. In: Geschichte Lernen 139, S. 20-21.

Fehrenbach, Elisabeth: Vom Ancien Régime zum Wiener Kongress. München 20085 (=OGG Bd. 12).

Günther, Horst: Die Französische Revolution. Berichte und Deutungen Deutscher Schriftsteller. Bd. 4 – Kommentar. Frankfurt (Main) 1985.

Gautschi, Peter; Hodel, Jan; Utz, Hans: Kompetenzmodell für "Historisches Lernen" - eine Orientierungshilfe für Lehrerinnen und Lehrer. 2009.

https://www.researchgate.net/publication/268378567_Kompetenzmodell_fur_Historisches_Lernen_-_eine_Orientierungshilfe_fur_Lehrerinnen_und_Lehrer (12.05.2021).

Hein-Mooren, Klaus Dieter: Französische Revolution. Bamberg 2009.
Hessisches Kultusministerium: Kerncurriculum gymnasiale Oberstufe. Geschichte. Wiesbaden 2013.

Jeismann, Klarl-Ernst: Geschichtsbewusstsein als zentrale Kategorie der Geschichtsdidaktik. In: Geschichtsbewusstsein und historisches Lernen. Hrsg. v. Gerhard Schneider. Pfaffenweiler 1988 (= Jahrbuch für Geschichtsdidaktik. Bd. 1), S. 1-24.

Madörin, Max: Die Septembermassaker von 1792 im Urteil der französischen Revolutionshistoriographie 1792-1840. Bern, Frankfurt/Main (=Europäische Hochschulschriften Reihe III, Bd. 58) 1976.

Müller, Hans-Joachim: Urteilen im Geschichtsunterricht. Bestandsaufnahme einer schwierigen Operation und Ansätze einer pragmatischen Umgangsweise. In: GWU 71 H. 1/2

(2020), S. 48-63.

Parker, Lindsey: "Carrying Justice in Their Hearts": The Terror in the French Revolution. In: Peter Herman. Terrorism and Literature. Cambridge 2018, S. 53-69.

Winkler, Anja: Wie sichert man Urteile im Geschichtsunterricht? Darstellung einer neuen Lernmethode am Beispiel des Imperialismus in seinen verschiedenen nationalen Ausprägungen. In: Geschichte lernen 196 (2020), S. 29-35.

## 5.2 Verlaufsplan

| Phase ggf. Dauer | Aktivität der Lehrkraft, ggf. Impulse | Schüler*innen-Aktivität | Sozialform, Methode, Medien | Didaktische Funktion |
|---|---|---|---|---|
| Einstieg 10 min | L präsentiert das Foto von einer Demonstration gegen Polizeigewalt über den OHP. *„Beschreiben Sie das Bild und äußern Sie sich anschließend dazu."* *Ordnen Sie das Bild in seinen Kontext ein und erklären Sie die Bedeutung des Plakats „By any means necessary" „Was halten Sie davon?" Impuls??.--> wichtig: bereits Raum zum wertenden Äußern geben und in Zusammenhang anordnen; Wichtig: By any means necessary ausdeuten* -*Wertäußerungen der SuS an die Tafel übernehmen -* → *diese sind nachher als Reflexionsggst. nehmen* **Überleitung zu Stundenfrage:** *„Begeben wir uns zurück in die Zeit der französischen Revolution. Stellen Sie einen Zusammenhang zwischen ihren Eingangsüberlegungen und den Geschehnissen im Herbst 1792 her."* *„Welche Frage ergibt sich daraus?"* | Mögliche Schüleräußerungen: -„Das Bild steht im Kontext von Ausschreitungen bei Proteste gegen rassistische Polizeigewalt." -„Der Spruch meint, alles notwendige zu tun, um die Forderungen durchzusetzen." -„Damit sind auch gewaltsame Proteste oder Vandalismus gemeint. Die Flammen auf dem Plakat zeigen dies." -„Ich kann die Meinung der Frau nachvollziehen. Ohne solche Aktionen würde der Rassismus weiter ignoriert." -„Ich finde die Protestformen gerechtfertigt. Genaugenommen setzen sich die Demonstranten mit ihrer Gewalt nur zur wehr." -„Gewalt ist nie eine Lösung und Die SuS stellen einen Zusammenhang zu den Septembermorden her. Mögliche Stundenfragen: -Waren die Septembermorde notwendig? -Wie werden die Septembermorde gerechtfertigt? -Wie beurteilen die Zeitgenossen die Septembermorde. | OHP Folie gUG | Hinführung zum übergeordneten Problem über ein Gegenwartsproblem, Orientierungsziel wird transparent und für die Gegenwart relevant Aktivierung der Voreinstellung der SuS zur Rechtfertigung der Gewalt zur Durchsetzung politischer Ziele Problematisierung des Stundenthemas aus einer Kontroverse innerhalb der Klasse; erste Hinführung zum Verstehen des Entscheidungsdilemmas in dieser Frage Rückbezug zum historischen Reflexionsgegenstand; Routinierung des historischen Orientierungsprozesses Transparenz über das Ziel der anschließenden Quellenarbeit wird geschaffen. |

| EA 15 min | L teilt jeweils einer Hälfte der Klasse die ABs mit Material M1 und M2 aus. Erläuterung des Arbeitsauftrags und ggf. Klärung von Fragen. *„Bitte beginnt nun zunächst, den Text zu lesen und die Argumente des Textes zu markieren und wiederzugeben. In 5 min gebe ich euch ein Signal zum Übergang in die Partnerarbeit."* | -Die SuS stellen ggf. Rückfragen zum Arbeitsauftrag. | AB Q1 AB Q2 EA Think-Phase | Think-Phase gibt allen SuS Zeit zum individuellen Nachdenken. |
|---|---|---|---|---|
| | | -Die SuS lesen die Texte aufmerksam, markieren Argumente und beginnen, diese wiederzugeben. | PA Pair-Phase Folien | Durch gemeinsames Beratschlagen können die SuS von den Ideen der Partner profitieren. |
| | L: Gibt das Signal zum Übergang zur Partnerarbeit. *„Bitte beginnt nun mit der Partnerarbeit. Ordnet die Argumente gemäß ihrer Gewichtung in die Wippe ein. Ihr habt 10 min Zeit."* | -Die SuS arbeiten die Argumente der Zeitgenossen kriteriengerecht in die „Urteilswippe" ein. (vgl. antizipierte Stundenergebnisse). | | Erschließen der Wertungen der Zeitgenossen und ihrer Begründungen, Auseinandersetzung mit ihrem Wertungsdilemma |
| | L: gibt an einzelne Paare Sicherungsfolien aus. | -Ausgewählte SuS (zwei Paare pro Text) übertragen ihre Arbeitsergebnisse auf eine Folie und entlasten so die Sicherung. | | |
| Sicherung 10 min | L bittet zunächst ein Paar, das zu Oelsner gearbeitet hat, sein Ergebnis zu präsentieren. Impuls: „Alles was notwendig ist. Wie würde Oelsner auf diese Positionierung reagieren?" | Ein Paar, das zu Oelsner gearbeitet hat, präsentiertseine Folie; das andere Paar ergänzt ggf. Die anderen SuS ergänzen ggf. den Vortrag oder stellen Rückfragen. | SV Share-Phase Folien 2xOHP | Impulse lenken den Fokus der Präsentation auf den wesentlichen Lernertrag. Chance und Herausforderung aller SuS zur Beteiligung an der Ergebnissicherung |
| | Impuls an die zu Julien arbeitende Gruppe: „Hält Jullien die Gewalt für ebenso problematisch?" | Julien: Wenn wir nicht Handeln, ist alles in Gefahr. | | Sicherung des Verstehens der übrigen Lerngruppe. |
| | L: „Vergleichen Sie die beiden Schaubilder und erklären Sie anhand dessen, wie es zu diesen unterschiedlichen Bewertungen kommt." | Oelsner: Mittel sind nicht zu rechtffertigen und letztlich eine Gefahr für alle → Willkür. | | |
| | L: „Beurteilen Sie, in welchem Verhältnis die Bewer- | Mögliche Schüleräußerungen: | gUG | Herausstellen und akzentuieren |

| | | | | |
|---|---|---|---|---|
| | tungen zu den Menschen und Bürgerrechten stehen."<br><br>„Sind Julien denn die Menschen- und Bürgerrechte egal?" | -Beide Zeitgenossen sind über die Gewalt erschüttert.<br>-Jullien hält die Gewalt für eine notwendige Verteidigung<br>und dadurch trotz der Eskalation für gerechtfertigt.<br>-Oelsner betont die Willkür als eigentliche Bedrohung<br>für die Bürger.<br>-Oelsners Ablehnung steht im Einklang mit den MBR, insbesondere der Unschuldsvermutung und<br>dem Verbot von Willkür.<br>Die SuS ordnen die Art. 7, 8, 9 entsprechend in die Wippe ein.<br>-Für Jullien ist der Schutz der Freiheitsrechte das<br>Ziel.<br>-Sie akzeptiert aber Verstöße gegen die MBR, wenn diese dazu notwendig erscheinen. | Folienschnipsel<br>MBR | der Gemeinsamkeiten und Unterschiede des Urteils und seiner Begründung;<br><br>Akzentuieren der jeweiligen Entscheidung in der Dilemmasituation<br><br>Verknüpfung mit dem Lernprozess der Reihe; Bezugnahme auf den gemeinsamen Bewertungsmaßstab und herausstellen des individuellen Verhältnisses zu diesem Voraussetzung für eigene differenziertere<br><br>Positionierung im Diskurs wird geschaffen |
| Alt. Stunden-ende 1 | Die Stunde endet mit der Sicherungsdiskussion (Minimalziel).Die SuS erhalten folgende Hausaufgabe:<br>„Wer das Ziel will, muss auch die Mittel wollen."<br>Nehmen Sie Stellung zu der Aussage von Rosalie Jullien.<br>Gehen Sie dabei sowohl auf die Septembermorde | | | Eigenes Werturteil fällen, Reflexion der eigenen Haltung und des eigenen Verhältnisses zu den Freiheitsrechten<br>Rückbezug auf das Gegenwartsproblem und Reflexion der eigenen Haltung |
| Alt. Stunden-ende 2 /<br><br>Vertiefung<br><br>10 min | Impuls: Zitat „Wer das Ziel will, muss auch die Mittel wollen."<br>„Nehmen Sie Stellung zu dieser Aussage von Rosalie Jullien."<br>Stummer Impuls:<br>L legt die Einstiegsfolie wieder auf.<br>Ggf. Präsentation von Diskussionsimpulsen als stumme Impulse auf dem OHP aus dem Brief Julliens bzw. einem späteren Brief Oelsners, sollte die Diskussion | Erwartete Stellungnahme der SuS:<br>-Die SuS äußern ihre eigene Meinung zu dieser Aussage.<br>-Sie begründen diese Meinung in Bezug auf die historische bzw. gegenwärtige Situation und nehmen<br>Bezug auf die Menschen- und Bürgerrechte.<br>-Sie gehen auf die unterschiedlichen Sichtweisen<br>und das Handlungsdilemma der Betroffenen | (g)UG<br>Einstiegsfolie<br>Ggf.<br>Impulszitate auf Folien | Eigenes Werturteil fällen, Reflexion der eigenen Haltung und des eigenen<br>Verhältnisses zu den Freiheitsrechten Rückbezug auf das Gegenwartsproblem, vertieftes anknüpfen an die Eingangsdiskussion und Refle- xion |

| | | | |
|---|---|---|---|
| eindimensional verlaufen.<br>Handlungsoptionen? Wie entscheidet sich denn, was notwendig ist?<br><br>ggf. Impulszitate: Oelsner zu Gefahren der Eskalation<br>-Julien zu gefahren des Zauderns | ein.<br>-Sie erläutern ausgehend davon, welchen Stellenwert<br>die Freiheitsrechte für ihre Positionierung haben (Durchsetzung oder Einhaltung) und die damit verbundene Problematik. | | der eigenen Haltung<br>Nachvollziehen des Dilemmas und der damit verbundenen Urteilsproblematik |

## 5.3 Reihenplanung

| Stunde[21] | Thema der Stunde / Stundenfrage / Lerngegenstand | Material / Medien | Kompetenzschwerpunkt |
|---|---|---|---|
| 1. | Einstiegs- und Diagnosestunde | | |
| Lernen vorbereiten und initiieren | Die SuS erhalten verschiedene Impulse zu gegenwärtigen Maßnahmen und Gesetzen oder Gesetzesinitiativen, die gegen Verfassungs- feinde gerichtet sind und nehmen dazu unter Berücksichtigung einer Definition des Begriffs „wehrhafte Demokratie" Stellung.<br><br>Ausgehend von einem problematisierenden Impuls zur damit verbundenen Begrenzung der Freiheit, formulieren sie die Reihenfrage:<br><br>*Eine wehrhafte Republik – Was ist legitim, um die Freiheit zu verteidigen?*<br><br>Im Anschluss bespricht die Lerngruppe nötige Schritte zur historischen Reflexion über diese Problemstellung anhand der französischen Re- volution und plant anhand dessen gemeinsam die Reihe. | AB 1 – Diagnosebogen verschiedenen kurzen Impulsen zu:<br><br>- den Begriff „wehrhafte Demokratie";<br>- dem Zugriff auf Chats mutmaßlicher Terroristen;<br>- der Beobachtung der Querdenkerszene<br>- neuen Polizeiaufgabengesetzen;<br>- Boris Pistorius' Forderung eines „Antifa-Verbots";<br>- einem kritischen Zitat zur Beschränkung von Freiheits- rechten. | Diagnose der **Orientierungskompetenz**, in- dem die SuS ausgehend von einem Impuls und einer Kontextualisierung ein Werturteil fällen.<br><br><br>Förderung der **Wahrnehmungskompetenz**, indem die SuS aus der gegenwärtigen Kontro- verse Fragen an die Vergangenheit entwickeln und selbst Wege zu ihrer Beantwortung su- chen. |

---

[21] Bezug zum Lehr-Lern-Prozessmodell

| 2. Lernwege eröffnen und gestalten | Auseinandersetzung mit den geteilten wertmäßigen Grundlagen<br><br>*Was bedeutet „Freiheit" – Die Menschen- und Bürgerrechte*<br><br>Die SuS untersuchen die Erklärung der Mensch- und Bürgerrechte und kategorisieren, welche der einzelnen Artikel danach dem Schutz des Einzelnen oder dem der gesellschaftlichen Ordnung dienen.<br><br>Sie beurteilen anhand dessen die gegenseitige Bedingung des Schutzes Freiheit des Einzel- nen sowie des Schutzes der sie garantieren- den Ordnung und diskutieren den darin enthaltenen Widerspruch der partiellen Freiheitseinschränkungen für den Schutz der Freiheitsordnung. | Vorbereitung: VT: Zeiten und Menschen 1 – Oberstufe (2007): Die liberale Revolution (1789-1791), S. 266-268.<br><br>Erklärung der Menschen- und Bürgerrechte durch die französische Nationalversammlung vom 26.8.1789; entnommen aus: Kurshefte Ge- schichte – Die französische Revolution (2010), S. 63-64.<br><br>Zusatzmaterial: UN-Generalversammlung: Allgemeine Erklärung der Menschenrechte vom 10.12.1948 (Auszug) | Förderung der **Urteilskompetenz**, indem die SuS Werte und Handlungsmaßstäbe der historischen Akteure auch unter Berücksichtigung der zeitgenössischen Normen beurteilen.<br><br>Förderung der **Orientierungskompetenz**, in- dem die SuS die heutigen Wertmaßstäbe mit denen aus der Zeit der französischen Revolution vergleichen und dabei eigene Wertmaßstäbe und Haltungen überprüfen. |
| --- | --- | --- | --- |
| 3. Lernwege eröffnen und Gestaltung | Erarbeitung der äußeren Bedingungen der Septembermorde<br><br>*Ist die Revolution in Gefahr? – Das Manifest des Herzogs von Braunschweig*<br><br>Die SuS erarbeiten die Forderungen des Manifests zur Unterwerfung unter den König sowie die Drohungen zur gewaltsamen Durchsetzung dieser Forderungen durch die Interventionsheere. Ausgehend davon beurteilen sie unter Berücksichtigung der Stundenfrage die Konsequenzen dieser Erklärung für das Bedrohungsgefühl der revolutionären Franzosen. | Vorbereitung: VT: Zeiten und Menschen 1 – Oberstufe (2007): Die Destabilisierung und Radikalisierung der Revolution (1791-1792). Auszug, S. 269-270.<br><br>Manifest des Herzogs von Braunschweig vom 25.7.1792 (Auszug); entnommen aus: Schneider: Die französische Revolution von 1789-1799 (2012), S. 95-97. | Förderung der **Analysekompetenz**, indem die SuS auf selbst erkenntnisleitende Fragestellungen untersuchen.<br><br>Förderung der **Urteilskompetenz**, indem die SuS die Quelle erschließen und im Hinblick auf das Manifest als Bedrohung für die revolutionäre Ordnung beurteilen und seine Bede tung für die Handlungsbedingungen der französischen Revolutionäre aufzeigen. |

| 3. | Examensstunde: Rechtfertigung von Gewalt zur Verteidigung der Freiheit | Vorbereitung: Vorbereitung: VT ´: Zei-ten und Menschen 1 – Oberstufe (2007): Die Destabilisierung und Radikalisie-rung der Revolution (1791- 1792). Aus-zug, S. 271 | Förderung der **Urteilskompetenz**, indem die SuS die Urteile der Zeitgenossen zu den Septembermor-den unter Berücksichtigung ihrer Bewertungsdi-lemmata und der Menschen- und Bürgerrechte be-urteilen. |
|---|---|---|---|
| Lernwege eröffnen und gestalten | *Alles was notwendig ist? – Die September- morde im Urteil der Zeitgenossen* | | |
| | Die SuS untersuchen die zeittypischen unter-schiedlichen Bewertungen der September- morde anhand der Briefe zweier Zeitgenossen und beurtei-len die darin vorgenommene Verurteilung der Ge-walt sowie die Rechtfertigung ihrer Notwendigkeit vor dem Hintergrund der Menschen- und Bürger-rechte. | Brief von Rosalie Jullien an ihren Mann am 2.9.1972 (Auszug); entnommen aus: Landauer (1961): Die französische Revo-lution in Briefen, S. 186-187 | |
| | | Brief von Konrad Engelbert Oelsner vom 7.12.1792 (Auszug); entnommen aus: Günther (1985): Die Französische Revolution. Bd. 1; S. 406-417. | Förderung der **Orientierungskompetenz**, in- dem die SuS einen Bezug zu heutigen Ge- wal-teskalationen bei Protesten herstellen und diese unter Berücksichtigung des Gerechtigkeitsstre-bens der Demonstranten und der Menschen- und Bürgerrechte bewerten. |
| | Im Anschluss daran beziehen sie in Bezug auf ge-genwärtige Protestbewegungen Stellung zur Recht-fertigung von Gewalt zur Durchsetzung vorgeblich fortschrittlicher Politik. | | |
| 4. | Prozess und Todesurteil gegen Ludwig XV. | | |
| Lernwege eröffnen und gestalten | *Die Hinrichtung Ludwigs XVI. – Ein Triumph der Freiheit?* | Maximilien de Robespierre: Rede im Nationalkonvent am 3.12.1792 (Aus-zug); | Förderung der **Urteilskompetenz**, indem die SuS die Haltung der Zeitgenossen zur Frage der Hin-richtung Ludwigs XVI. unter Berücksichtigung der äußeren Handlungsbedingungen und der Men-schen- und Bürgerrechte beurteilen. |
| | Die SuS untersuchen die Argumentationen Ro- bes-pierres und de Sèze in der Debatte um die Hinrich-tung des Königs und beurteilen die darin vorge-nommene Befürwortung ihrer Notwendigkeit bzw. Ablehnung vor dem Hintergrund der Menschen- und Bürgerrechte, insbesondere der Gewaltentei-lung (Art. 16) und des Rückwirkungsverbots (Art. 8). | Romain de Sèze: Verteidigungsrede im Nationalkonvent am 26.12.1792 (Aus-zug); beide entnommen aus: Kurshefte Ge-schichte – Die französische Revolution (2010), S. 81-82. | Förderung der **Orientierungskompetenz**, in- dem die SuS die verschiedenen früheren Haltungen mit ihrem eigenen Verhältnis zu den Menschen- und Bürgerrechten vergleichen und ihre Geltung für Freiheitsfeinde diskutieren. |

17

| | | | |
|---|---|---|---|
| | Im Anschluss diskutieren sie die Stundenfrage im Hinblick darauf, ob auch Freiheitsfeinde durch die Freiheitsrechte geschützt werden sollten und müs-sen. Auf Grundlage verfassen sie als Hausaufgabe ein schriftliches Werturteil zur Hinrichtung des Kö-nigs. | | |
| 5. | Zwischenbilanz | | |
| Orientierung geben und erhalten | Die SuS stellen sich gegenseitig ihre schriftli- chen Werturteile zur Hinrichtung des Königs vor und geben sich mithilfe eines Methodenblattes Feedback. Unter der Fragestellung... *Der König ist tot, kann das Vaterland leben?* ...untersuchen sie mithilfe eines Verfassertextes die weiterbestehenden politischen und gesellschaftlichen Problemstellungen Frankreichs und ziehen ausge-hend davon eine Zwischenbilanz zur Effektivität und Legitimität der bisher untersuchten Maßnahmen zur vermeintlichen Verteidigung der Revolution. | VT: Zeiten und Menschen 1 – Ober-stufe (2007): Die Konventsherrschaft (1792-1794). Auszug, S. 271-273. | Förderung der **Orientierungskompetenz**, in-dem die SuS einander kriteriengeleitet Rückmel-dungen und Verbesserungsvorschläge zu ihren schriftlich verfassten Werturteilen unter- breiten. Förderung der **Urteilskompetenz**, indem die die Folgen der bisherigen Maßnahmen gegen Frei-heitsfeinde und mithin ihre Effektivität und Legi-timität beurteilen. |
| 6 Kompetenzen stär-ken und erweitern | Erarbeitung der politischen Handlungsbedin-gungen während der Terrorherrschaft *Durch die Straße oder für die Straße – Wer be-stimmt die Politik der Republik?* In einem Partnerpuzzle analysieren die SuS das Wechselverhältnis zwischen der städtischen Volksbewegung der Sansculotten und der Radikalisierung der Politik der | Vorbereitung: VT: Revolution in der Krise und das Ende der Girondisten. Buchners Kolleg – Themen Ge- schich-te. Französische Revolution (2009), S. 94-95. Jean-Baptiste Vingternier: Was ist denn eigentlich ein Sansculotte? (1793) | Förderung der **Analysekompetenz**, indem die SuS die Quelle erschließen und im Hinblick auf selbst erkenntnisleitende Fragestellungen untersuchen. Förderung der **Urteilskompetenz**, indem die Wirkzusammenhänge zwischen dem Straßen- kampf der Sansculotten und der |

| | Montagnards im Konvent. Unter Berücksichti- gung der Stundenfrage und des historischen Kon-texts beurteilen sie die politischen Machtverhält-nisse in der französischen Republik.<br><br>Ausgehend davon diskutieren sie Potenziale und Probleme des Politikverständnisses der Sans-culotten. | Georges Jaques Danton: Was verlangt das Wohl des Volkes? (1793); beide entnommen aus: Buchners Kolleg – Themen Geschichte. Französische Revolution (2009), S. 82-83. | Radikalisierung im Konvent herstellen und hin-sichtlich ihrer Triftigkeit erörtern. |
|---|---|---|---|
| 7.<br><br>Kompetenzen stär-ken und erweitern | Der staatlich sanktionierte Terror<br><br>*Gegen die Feinde der Freiheit? – Das Gesetz über die Verdächtigen*<br><br>Die SuS analysieren die Bestimmungen des Geset-zes und arbeiten den Pauschalverdacht gegen nicht nur gegen vermeintliche Revolutionsfeinde, son-dern auch Regierungsgegner heraus. Sie stellen die Bestimmungen den Menschen- und Bürgerrechten gegenüber und diskutieren unter Berücksichtigung des historischen Kontextes den freiheitssichernden oder diktatorischen Charakter des Gesetzes. | Vorbereitung: VT: Neue Verfassung und Terror. Buchners Kolleg – The-men Geschichte. Französische Re- vo-lution (2009), S. 96-97.<br><br>Das Gesetz über die Verdächtigen vom 17.9.1793; entnommen aus: Kurshefte Geschichte – Die Französische Revoluti-on (2010), S. 88-89. | Förderung der **Analysekompetenz**, indem die SuS die Quelle erschließen und im Hinblick auf selbst erkenntnisleitende Fragestellungen untersuchen.<br><br>Förderung der **Urteilskompetenz**, indem die SuS die weitreichende Ausdehnung der potenziellen Ver-folgung durch das Gesetz erklären und es vor dem Hintergrund des historischen Kontexts und der Menschen- und Bürgerrechte beurteilen. |
| 8.-9.<br><br>Kompetenzen stär-ken und erweitern | Die Beurteilung der Terrorherrschaft durch die Zeitgenossen<br><br>*Beenden oder zu Ende führen? – Wie bewerten die Zeitgenossen die Terrorherrschaft?*<br><br>Die SuS untersuchen die Argumentationen Des-moulins und Robespierres zur Terrorherrschaft und beurteilen, dass Robespierre die durch den Terror die Freiheit herbeiführen, | Vorbereitung: VT: Verlauf der Terror-herrschaft. Buchners Kolleg – Themen Geschichte. Französische Revolution (2009), S. 98-99.<br><br>Camille Desmoulins: Artikel im „Vieux Cordelier" vom 24.12.1793 (Auszug)<br><br>Maximilian de Robespierre über die Grundsätze der Revolutionsregierung vor dem Nationalkonvent am | Förderung der **Urteilskompetenz**, indem die SuS die Haltung der Zeitgenossen zum Terror unter Berücksichtigung der äußeren Handlungsbedin-gungen und der Menschen- und Bürgerrechte beur-teilen.<br><br>Förderung der **Orientierungskompetenz**, in- dem die SuS aus der historischen Tendenz dikta-torischen und despotischen Entgleisung |

| | | | |
|---|---|---|---|
| | während Desmoullin zur Wiederherstellung der Freiheit den Terror beenden will. Sie beurteilen beide Auffassungen vor dem Hintergrund der historischen Umstände und der Menschen- und Bürgerrechte und diskutieren die Ge-fahr des Freiheitsschutzes für die Freiheit selbst. | 25.12.1793 (Auszug); beide entnommen aus: Kurshefte Geschichte – Die Französische Re- volution (2010), S. 86-87, 90-91. | der Verteidigung der Freiheit Schlussfolgerung für das eigene Selbstverständnis und Handeln in der Gegenwart ziehen. |
| 10. Orientierung geben und erhalten | **Planspiel** *Eine wehrhafte Republik – Was ist legitim, um die Freiheit zu verteidigen?* Anhand eines fiktiven Szenarios entwickeln die SuS eine Haltung dazu, ob zur Verhütung eines terroristischen Anschlags die Folter von Personen mit vermeintlich relevanten Informationen zulässig ist. Auf den Lernprozess der Reihe zurückblickend entwickeln die SuS dabei eigenständig Kriterien zu legitimen Mitteln, die Freiheit zu verteidigen und beziehen so Stellung zur Reihen- frage. Auf Grundlage dessen reflektieren sie abschließend ihren Lernprozess. | Szenario – Terrorbedrohung; erstellt in Anlehnung an: Lothar Müller (Hrsg.): Unterrichtsentwurf, S. 8-9. (https://www.uni-trier.de/filead- min/ fb1/prof/PAD/BW1/mueller/Un-terrichtsentwuerfe/Folterx_kom-plett.pdf) | Förderung der Orientierungskompetenz, indem die SuS - ihr eigenes Verhältnis zu den Menschen- und Bürgerrechten überprüfen und gegebenenfalls revidieren; - für die Bewältigung und Gestaltung einer auf den Freiheitsrechten basieren- den Gegenwart und Zukunft auf das histori-sche Beispiel der französischen Terror-herrschaft verweisen; - aus dem historischen Orientierungspro-zess begründete Schlussfolgerung für das eigene Selbstverständnis und Handeln ziehen. |

**5.4 Material, Arbeitsblätter**

**5.5. antizipierte Stundenergebnisse (z.B. Tafelbild)**

**Einstiegsfolie:**

*Anmerkung der Redaktion: Diese Abbildung wurde aus
urhebrerechtlichen Gründen entfernt.*

Aufnahme von einer Protestdemonstration in Washington DC am 30. Mai 2020 anlässlich der Tötung des Afroamerikaners George Floyd bei einer Polizeikontrolle wenige Tage zuvor.

# Graduierungsraster: Werturteil

*Mithilfe dieses Rasters wurde die Orientierungskompetenz der SuS in der Lerneingangs- und Abschlussdiagnose des letzten Förderprozesses zur Orientierungskompetenz graduiert. Die Einstufung der SuS dieser Teillerngruppe ist der linken Spalte zu entnehmen. Die Beschreibung der Kompetenzstufen ist hier thematisch auf Operationen in einer geschichtskulturellen Kontroverse ausgelegt.*

| Kompetenz-stufe | Beschreibung / Schüleropera-tionen | Indikatoren; *Die Sus...*[22] (Indikatoren vorangegangener Stufen werden vorausgesetzt.) | Einstufung der SuS[23] |
|---|---|---|---|
| 4. Reflektiertes Werturteil | Differenziert argumentierende Bewertung auf Grundlage der Einsicht in die Zeit- und Standortbedingtheit verschiedener Sichtweisen und der Reflexion der Bedingtheit, Begrenztheit und Veränderlichkeit der eigenen Wertmaßstäbe.[24] | • reflektieren die zeit- und standortbedingt eigener und fremder Haltungen und Bewertungen. <br> • stellen die Allgemeingültigkeit eigener und fremder Bewertungen in Frage. <br> • diskutieren die Grenzen der Geltung und Vertretbarkeit der eigenen Wertmaßstäbe für sich und andere. | |
| 3.AB Intersubjektiver doppelter Diskurs | Differenziert argumentierende Positionierung unter Berücksichtigung anderer möglicher Sichtweise in der Gegenwart und der Perspektive der historisch Handelnden. | • erklären die für die Vergangenheit gültigen Handlungsmotive und Wertmaßstäbe. <br> • erklären alternative gegenwärtige Perspektiven in der Kontroverse und die ihnen zugrunde liegenden Wertmaßstäbe. <br> • vergleichen eigene und fremde Sichtweisen in Geschichte und Gegenwart und erörtern die subjektive Gültigkeit ihres Werturteils. | |
| 3.B Differenziertes Urteil im Gegenwartsdiskurs | Argumentativ begründete Positionierung in der Kontroverse in Auseinandersetzung mit anderen möglichen Bewertungen der Gegenwart. | • erklären alternative gegenwärtige Perspektiven in der Kontroverse und die ihnen zugrunde liegenden Wertmaßstäbe. <br> • vergleichen eigene und fremde Sichtweisen und erörtern die subjektive Gültigkeit ihrer Wertung und Wertmaßstäbe. | |
| 3.A Differenziertes Urteil im historischen Diskurs | Positionierung in der geschichtskulturellen Kontroverse auf Basis eigener gegenwärtiger Wertvorstellungen unter Berücksichtigung der Perspektive und Wertvorstellungen der historisch Handelnden, die erinnerungskulturell bedacht werden. | • erklären die für die Vergangenheit gültigen Handlungsmotive und Wertmaßstäbe. <br> • vergleichen die historisch fremden und eigenen Wertvorstellungen und begründen die Gültigkeit der eigenen für die heutige Zeit. | |
| 2. Begründete Bewertung | Positionierung in der Kontroverse auf der Basis eigener, gegenwärtiger Wertvorstellung, die transparent dargelegt werden und in ihrem Geltungsanspruch begründet werden. | • legen klar die Wertvorstellungen dar, die ihrer Position zugrunde liegen. <br> • erklären Anwendbarkeit und Relevanz dieser Wertvorstellungen für den Zusammenhang der Kontroverse. | |
| 1. Meinungs-äußerung | Positionierung in der Kontroverse ausschließlich auf Basis eigener, gegenwärtiger Wertvorstellungen. Die eigene Position wird mit rein inhaltlichem Bezug auf die Kontroverse bzw. den historischen Bezugspunkt ansatzweise begründet ohne die eigenen Wertmaßstäbe offenzulegen. | • fällen ein eigenes Urteil <br> • begründen ihre eigene Position ansatzweise, z.B. durch Verweis auf die Taten des Kolumbus oder die Folgen des spanischen Kolonialismus. | |

---

[22] Die Indikatoren sind nicht als Abhakliste, sondern als Anhaltspunkte für die Einschätzung der Kompetenz zu verstehen.

[23] L.ist erst nach der Diagnose aus einem Auslandsjahr in Australien in die Klasse zurückgekehrt.

# Graduierungsraster – Diskurstiefe im Werturteil

*Dieses Bewertungsraster unterscheidet, in welcher Tiefe, Differenziertheit und Reflektiertheit dies Auseinandersetzung mit fremden Wertungen der Vergangenheit und Gegenwart erfolgt. Sie stellt insofern eine Ausdifferenzierung der Stufe 3 (3.A; 3.B; 3.AB) dar und bildet den Ausgangspunkt für die Diagnose und Förderprozess dieser Reihe.*

| Kompetenzstufe | Beschreibung / Schüleroperationen | Indikatoren; Die Sus...[25] (Indikatoren vorangegangener Stufen werden vorausgesetzt.) | Einstufung der SuS |
|---|---|---|---|
| selbstreflektiert | Positionierung unter Berücksichtigung eigener und fremder Wertorientierungen, die jeweils hinsichtlich ihres subjektiven Geltungsanspruch in Abhängigkeit der äußeren Handlungsbedingungen und insbesondere auftretender Dilemmasituationen reflektiert werden. | • verstehen eigene Wertvorstellungen nicht als Determinanten, sondern als Handlungsorientierungen, die je nach äußeren Bedingungen Grenzen unterliegen.<br>• hinterfragen den Einfluss konkreter Handlungsbedingungen auf den subjektiven Geltungsanspruch eigener Wertvorstellungen.<br>• fällen ihre Werturteile im Bewusstsein dieser Grenzen der eigenen Prinzipien. | |
| differenziert | Positionierung unter Berücksichtigung anderer Wertungen und Wertvorstellungen, die – in Abhängigkeit der Handlungsbedingungen und insbesondere auftretender Dilemmasituationen auf die Grenzen ihres subjektiven Geltungsanspruchs hinterfragt werden. | • kennzeichnen fremde Wertvorstellungen nicht als Determinanten, sondern als Handlungsorientierungen, die je nach äußeren Bedingungen Grenzen unterliegen.<br>• hinterfragen den Einfluss konkreter Handlungsbedingungen auf den subjektiven Geltungsanspruch fremder Wertvorstellungen. | |
| basal | Positionierung unter Berücksichtigung anderer Wertungen und Wertorientierung in Vergangenheit und/oder Gegenwart, die das Handelnd *bestimmen* | • unterscheiden bei der Bewertung zwischen eigenen und fremden Wertvorstellungen und Handlungsmotiven.<br>• legen die Wertvorstellungen dar, die alternativen Urteilen zugrunde liegen.<br>• erklären den subjektiven Geltungsanspruch, ihrer Wertvorstellung und ihres Werturteils. | |

---

[25] Die Indikatoren sind nicht als Abhakliste, sondern als Anhaltspunkte für die Einschätzung der Kompetenz zu verstehen.